머물지
않는
바람

머물지 않는 바람

윤주동 창작집 제5집

책나무

앓던 이齒를 뽑고 나면 아픔이 사라져 시원하겠지만, 없어진 이로 인하여 허전함도 함께 찾아오겠지, 그런 느낌이다.

순간순간을 긴장하며 그렇게 하루를 보내곤 했다.

이젠 모두 떨쳐 버리고 낚시나 하며 좀 쉬고 싶다.

사실은 힘들게 무엇을 한 것도 별로 없는 것 같은데….

그렇지만 목표 달성目標達成이라는 큰 덩어리의 억압抑壓에서 벗어나는 것만은 사실이다.

그러나 아직 갈 길이 남아 있다. 정확正確하게 이야기하자면 한 고개가 남았다. 어찌 보면 제일 힘든 고개일 수도 있다.

이 고개를 나는 오늘도 넘는다. 연필 한 자루를 들고서….

그런데 나는 바람을 알아 버렸다. 왜 바람은 바람으로 태

어나서 바람으로 머물고 있는지도 안다. 또한 어디에서 와서 그 어디로 가는지 이 모두를 나는 알아 버렸다. 그래서 책의 제목에는 자꾸만 바람이 등장한다. 그렇다. 바람은 바람에서 시작하여 바람으로 끝난다. 그렇게 생을 마감한다는 뜻이 될 수도 있겠다.

색깔도 모양도 그림자도 아무것도 없다. 오로지 소리만 있을 따름이다.

이 바람도 늙어 간다는 것이다.

이 바람도 감정이 있다는 것이다.

바로 우리들 사람처럼 말이다.

머물지도 못하고서….

목차

머물지 않는 바람

왜 머물지 못하는 것일까?
머물지 않는 것일까?

하루의 평형平衡을 누리지도 못하고
자꾸만 아래로 미끄러져 내려간다

세월의 흐름에 젖어 버린 탓일까
젖어 버린 만큼의 무게의 힘에 겨워서
자꾸만 미끄러져 내려가는 것일까

오늘도 무너진다
흘러서 내려간다

끝닿는 곳이
어디인지도 모르는 채

바람은 그렇게 떠나간다
머물지도 못하고서
아니, 머물지 않고서…

종이호랑이

종이호랑이
성큼성큼
나무 뒤에 돌아앉네

지난날엔 한성깔,
한고집 무서웠는데

머릿결에 눈 내리고
이빨마저 빠져 버려

하늘 향해 회상回想하며
남몰래 눈물짓는데

돌 지난 꼬마 막내둥이
친구 하자 다가가네

종이호랑이
한숨짓네
나무 뒤에 숨어 우네

너를 못 잊어

날이 갈수록 더욱더
짙어지는 그리움은

두 사람이 쌓아 놓은
사연事緣들 때문이겠지

우리 서로가
잊어야 하는 줄을 알면서도

지나가 버린 그날들을
잊지 못해 애태우는 건

약속約束한 이별을
거부拒否하는 것이겠지

어떤 이유理由든
난 너를 못 잊어
잊을 수 없어

일상日常에서 벗어나

장밋빛
꿈에 젖어
살아가다가
눈을 뜨면

고달픈
인생길이어라
허덕이는 일상에서
잠시라도 벗어나

무거운 짐
내려놓고
마음속까지
비우고

편안한
여유 속에
주위를
둘러보자

세월을
믿어 봐야
속을 것이
빤하니까

지금 내가 무엇을 위해
어떻게 해야 하고
어디에서 무엇이 나를
필요로 하는지

분명 나를
원하는 곳이
어디엔가
있을 것이다

허덕이는
일상에서
잠시라도
벗어나자

금정산성金井山城

굽은 산허리를
몇 굽이를 돌고 돌아
동문을 지나고
남문에 오르니

산성의 정상에
하늘이 내리고
구름이 한가롭게
낮잠을 자려 하네

다리 펴고
한숨을 돌리고 내려가다
먹거리 마을에서
막걸리에 목을 축이고

멀리 있는 서문을
못 본 체 뒤로하니
단풍 물든 수목원이
쉬어 가라 날 부르네

2014. 10. 29. 산성을 넘으며…

장미원薔薇園

벌 떼가, 나비 떼가
앞다투어 모여드는

향기가 가득한 곳
아름다운 장미 정원

따스한 태양 아래
머무름을 꿈꾸던 곳

마음의 고향인가
발길마저 맴을 도네

비 그치고 피어나는
오색 송이 너무 고운데

먼 훗날 낙엽 될까
그 모습이 애처롭네

청춘青春이여!

넘어야 할 산들이
몇 개일까

건너야 할 개울이
몇 개일까

가도 가도 끝이 없고
눈앞이 아득하네

언제나
첩첩산중疊疊山中에
외로이 앉았네

많은 길 중
내가 가야 하는
길은 어느 쪽일까

건너보는 눈망울엔
이슬방울 맺히네

높은 산을 넘어서
가야 하나

까마득한 이 길을
가야 하나

젊음 하나 자랑해도
앞서갈 자신自信 없네

언제나
첩첩산중疊疊山中을
나 홀로 헤매네

외로워야
청춘인가
사랑마저도 오지 않고

스쳐 가는 미운 세월歲月
단풍丹楓으로 물드네

물안개

2박 3일을 계획하고 누님 식구와 함께 남해 창선으로 어제 왔다. 원래 누님께서 바다를 좋아하기에 가을 여행으로 마땅한 장소를 잡지 못해서 펜션을 빌려 어제 도착하자마자 매형과 함께 낚시를 즐겼다. 아침에 눈 비비고 일어나 푸른 파도와 푸른 바다를 보고 싶어 오솔길을 걸어서 바닷가에 나오니 물안개가 자욱하게 온 세상을 묻어 버렸다

가시可視거리가 2~3m 정도도 안 되는 것 같다. 아무도 볼 수 없도록 모두를 홀로 안아 버린다. 욕심쟁이인가? 도저히 협의協議를 할 생각이 없는 것 같다. 어제 만났던 그 푸른 바다를 무슨 수로 볼 수 있단 말인가. 어쩌면 보일 듯도 한데 잔잔한 바람에 발 앞에 와서 멈추는 잔물결들

그런데 정말 고요 그대로다. 바다가 깊은 잠에 빠진 것 같다

아니, 차라리 쓸쓸하다고 표현하는 것이 옳을 것 같다

아침 해가 뜰 시간인데 그것도 알 수가 없다. 바다를 사랑하는 제 혼자만의 표현表現인 애무愛撫인가? 바다를 본다는 마음을 포기抛棄하고 돌아서 가려고 모래밭에서 내딛는 발길에는 자그마한 게들이 열심히 나다니며 길을 막는다

큰 놈들이 나타나기 전에 먹이 활동을 해야 하는 것인지 눈으로 볼 수 있는 거리만큼에는 까맣게 많은 녀석들이 바쁘게 움직인다. 나도 배가 슬슬 고파 온다

표현表現

내가 말했잖아
너는 나의 그리움이라고

내가 말했잖아
나는 너를 사랑한다고

사랑이란 핑계로
유혹誘惑하고 있다면서

너는 나를 믿지 않고
오해誤解를 하고 있지만

무슨 말로 표현하면
진실眞實을 믿어 줄래

싱겁게 웃는 것은
내 마음 설렘 때문이야

핸드폰의 병폐病弊

버스 기사님들의 이야기이다

나는 대중교통을 이용 시 주로 시내버스를 이용한다

대체적으로 기사님들은 운전석 왼쪽 차창에 핸드폰을 올려두고 신호 대기가 길어지는 틈을 이용하여 문자를 주고받는다. 아니면 무선 이어폰을 활용해서 통화를 하는데 이어폰을 착용했다는 이유로 한번 시작하면 거의 열 정류장 정도 대화를 한다. 이는 양자 모두 문제가 된다. 그것은 정신 집중이 어디에 가 있는가가 문제가 된다. 그것은 불의의 큰 사고와 연결이 되는 부분이니 말이다

버스라는 여러 많은 사람을 실은 무서운 기계이다. 자칫 잘못하면 그 차에 탑승한 모두를 위험한 궁지로 몰고 갈 수도 있는 상황이다. 그런데 일반 탑승객들은 기사석이 구분이 되어 가려져 있어서 잘 모른다. 그런데 나는 항상 앞문 입구 좌석에 앉기를 좋아해서 기사님의 행동을 유심히 살피는 편이다

그런데 대낮에는 햇빛을 핑계로 대부분 선글라스*Sunglass*를 착용한다. 그러니 눈동자가 어디로 가 있는지 승객들이 룸미러*Room Mirror*를 통해서 보려 해도 눈동자는 보이지 않지만 앞에 앉아서 손동작이나 모든 행동을 유심히 살피면 대부

분 기사님들이 스마트폰을 멀리하지 못하는 것을 알 수 있다. 그도 그럴 것이 종일 버스를 운전해야 하니 따분하기도 하겠지, 그래도 사고는 일순간인데 방심放心은 금물禁物이다. 정말 위험한 일이 아니라 할 수 없다

너 하나 I

지금
내가
할 수 있는 것은
아무것도 없어

나 혼자의
힘으로는
아무것도
할 수 없어

그 누가
생각하는 것처럼
그런 것이
아니야

이 순간에도
나의
힘으로
말하는 게 아니야

오로지
나를
바라보고 있는
너의 힘이야

언제나
나에게
용기勇氣를 주고
격려激勵해 주는 너

나만의
세계에는
너 하나뿐이야
정말 너 하나뿐이야

다시
태어난다 해도
나에게는
너 하나뿐일 거야

후회後悔하고 있다

내 가슴이 검게 타서
재가 된다 해도
당신만은 다시 찾지
않겠다고 했고

먼 훗날에 오는 것이
후회라 말하며
지나 버린 옛일들은
잊으라 했는데

이제 와서 생각하니
그리움이 남아
가슴에서 꽃이 되어
피어나려는데

무슨 수로 말려 보나
후회만 되는데
돌아서던 그 길 따라
눈물만 흐르네

영이 엄마의 외출外出

"어머나! 어머나! 이러지 마세요. 여자의 마음은…"

홍겨운 뭇노래 소리가 들리고

마당가에 걸어 놓은 가마솥에서는

장작불이 타고 김이 무럭무럭 난다

"영이 엄마! 뭐해요?"

옆집 철이 엄마가 놀러 왔다

"네, 우리 영이 아빠가 좋아하는 사골 뼈 곰국 해요."

"아! 냄새 좋다. 푹 고아진 것 같은데요. 어딜 가시는 모양이네요?"

"네!"

그때 '삐리릭!' 핸드폰에서 문자 오는

소리가 들리고 문자가 뜬다

"안녕하세요? 여행사입니다. 내일 오전 6시까지 김해국제공항 3번 게이트에서 집결하니 늦지 않기 바랍니다."

젊은 시절時節 이야기

얘야!
여기 있는 이 산은 내가 젊었을 때
저쪽에서 옮겨 온 거야

그 밑자락에 커다란 바위가 있었는데
내가 오가며 틈틈이 먹어 없어졌어

얘야!
저기 있는 저 강은 내가 젊었을 때
삽질하여 만든 거야

그 가운데에 조그만 모래섬이 있었는데
내가 배가 고플 때마다 먹어 없어졌어

지칠 줄 모르는 혈기血氣 왕성旺盛한
젊은 시절 아득한 옛날이야기이지

왕년往年에는 정말 대단했는데
지금 생각해 보면 그리운 시절이야

울고 싶어요

괜스레 울고 싶어요
창밖에 비가 내려요

비가 오는 날이면
그 사람 생각이 나요

잊힌 줄 알았는데
소리치며 울고 싶어요

생각하면 가슴이
미어지며 아파 와요

소리 내어 울어 본들
무슨 소용 있겠냐마는

그래도 울고 싶어요
괜스레 울고 싶어요

세월歲月 때문에

오는 세월에 믿음 두고
나의 전부를 맡겼는데
마음 곁에서 머물려는
행복幸福 하나 없었기에

가는 세월을 부여잡고
하소연을 하여 보나
떠나려고만 하는구나
한마디의 대꾸 없이

말없이 오던 바람마저
무슨 불만不滿 쌓였기에
빈구석 없이 낙엽들을
쓸어 모아 두었는지

원망怨望만 하던 이 한 몸을
어디에다 두려 해도
내 발길마다 허무虛無 속에
눈물짓는 낙엽뿐이네

내게로 와

오늘도 외로움에
온몸이 젖어 드는데

당신은 어디에서
모른 체 지내는가

우리는 그때처럼
다시 시작할 수 있어

더 이상 지체遲滯 말고
말없이 내게로 와

서로가 말 못하는
괴로움에 빠지지 말고

언제나 마주하며
행복하게 살아 보자

미워도 좋은 사람

가끔씩은 내 마음을
몰라주는 사람
가끔씩은 배려하지
않으려는 사람

너무나도 야속하고
미워도 좋은 사람
돌아서다 생각하면
못 잊을 좋은 사람

어쩌다가 위로해 주며
곁에 있어 주고
어쩌다가 한 번씩은
칭찬도 해 주는

내 마음을 기댈 수 있는
믿음직한 사람
아이처럼 칭얼대는
미워도 좋은 사람

필연必然

눈을 감아도 보여지고
귀를 막아도 들려오고

끊어 버려도 이어지는
필연이라서 못 잊어요

당신은 멀리 떠났어도
나를 버리고 갔다 해도

당신의 모습 음성까지
그 모두가 다 여기 있네

돌아와 줘요 내 곁으로
당신의 자리 지켜 줘요

첫 만남부터 필연이라
헤어져선 살 수 없어요

저녁 풍경風景

실바람에 놀던 버들
앞가슴을 헤쳐 주니
이름 모를 작은 새들
날아들어 안기려 하고

마을에는 굴뚝마다
머리 푸는 연기 솟고
고향 같은 된장 냄새
코앞에서 춤을 추니

오늘따라 어머니의
그 손길이 그리워져
눈을 감고 그려 보니
나를 반겨 웃어 주네

잊지 못할 그날들은
떠나 버린 옛이야기지만
그리워도 못 잊어도
곁에 있는 고향인 것을

우리의 사랑

나는 오직
너 하나만 사랑했기에

나를 두고
떠나가도 잊을 수 없다

우리 서로
정을 주고 마음 나누며

행복하자 변치 말자 맹세했는데
세월마저 시샘하며 가로막아도

나는 너를
만날 거야 찾을 수 있어

정情 하나로
이어 가는 사랑의 길을

어느 누가
막을쏘냐 우리의 사랑

사랑이라는 이름

사랑이라는
이름으로
부모 형제를
엮어 주고

사랑이라는
이름으로
남과 여를
엮어 주고

때때로는
이견異見으로
갈등葛藤 속을
걷게 하고

가끔씩은
아쉬움에
스스로를
찾게 하고

따스하게
감싸 주며
보살피고
베풀면서

그 사랑에
굶주리는
우리들을
살찌게 하고

고달프게
가야 하는
세상살이
속에서도

함께하며
살맛 나게
이어 주는
사랑이련가

미련未練 속에

아름다운 그림들로
채우고 싶은 마음속에는
언젠가의 헤어지던
이별 그림만 그려지고

꿈속 같은 길을 따라
걷고 싶은 이 발길은
아쉬움에 젖어 걷던
길목에서 서성이네

돌아서면 그만이라
말하면서 달랬는데
이토록 미련 속을
많은 날을 헤매는가

그리움에 겨워하며
그 이름을 불러 보려고 해도
말 못하고 보낸 세월에
목소리마저 굳어 버렸네

내가 바보 같아요

그냥 웃고 있어요
내가 바보 같아요

빈 가슴을 눈물로
채울 수는 없잖아요

그 사람이 떠난 자리
너무나도 깊었어요

홀로 울며 메우다
메우다 지쳤어요

그냥 웃고 있어요
내가 바보 같아요

가슴속의 상처를
지울 수는 없잖아요

잊고 싶은 그대

마음에다 마음 하나
더 포갤 때에는
무게보다 즐거움이
함께 했었는데

이별의 아픔 속에
마음은 조각나고
텅 빈 마음에는
그리움이 찾아오네

그리움에 지쳐 버려
미움만 쌓여 가고
밉다고 생각하니
잊고 싶은 그대여

마음에다 마음 하나
더 포갤 때에는
무게보다 즐거움이
함께 했었는데

가을비

끄느름한 하늘에서
추적추적 비가 내려
젖은 마음 구석까지
쓸쓸하게 때려 주네

가을비에 그리움도
가슴으로 녹아들어
낙엽들의 설움처럼
다가서는 그대 모습

어딘가에 기다림이
아직까지 남았는지
눈가에는 이슬 같은
눈물방울 고여 오네

소리 없는 세월 가도
그대 얼굴 변함없어
저며 오는 이 마음을
비 맞으며 달래려네

그 길이 궁금하다

내가
가 보지 않은 길
가 보지 못한 그 길은 어떤 길일까?
까마득히 지나쳐 와 버렸는데…

궁금하다
무엇이든 모르는,
몰랐던 순간들이 아쉬움이었다
그래서 그 길이 더욱 궁금하다

그 길에서는 무엇을 만날 수 있을까?
이제껏
내가 살아왔지만 그 길로 갔더라면
지금의 내가 아닐 수도 있을 텐데…

현실現實에 대한 불만不滿인가?
그리움인가?
단순單純한
궁금증일까?

아련한 얼굴

우리
언제 헤어졌던가
생각하면 엊그제인데

너의
얼굴 아련해 오고
그날들만 새로워지네

잊힐 줄 몰랐었는데
그리움에 아파한 적도

괴로워서 운 적도 없이
일상 속에 젖어 살았어

잘 있겠지 그러기 바래
잊어버려 꿈이었다며

남들처럼 웃으며 살아
그래야만 행복할 수 있어

두고 온 고향故鄕

정을 두고 온 고향이기에
오늘 밤도 생각에 겹고

나의 첫사랑 옥이까지도
두고 왔기에 잊을 수 없네

우리 어머니 품속 같았던
고향 언덕에 모두 모여서

사랑도 심고,
꿈도 심고,
마음까지도,
심어 놓았네

돌아가야 할 고향이기에
눈물이 나도 참을 수 있어

그 꿈들을 캐기 위하여
가야 한다네 두고 온 고향

그리움 속에

맺지 못할 사랑이라
말 못하고 헤어졌는데

사무치는 그리움 속에
언제나 그대가 있네

다정하게 미소 짓는
그 모습은 그대로인데

만날 수 없는 안타까움에
가끔씩은 울어도 본다

지나가는 날들은
헤아릴 수도 없는데

그리움 속의 그 얼굴은
또렷이 웃고 있네

부부夫婦

부부로서 서로 만나
맑은 날과 궂은 날을

아옹다옹 알콩달콩
많은 날을 함께하며

거울처럼 마주 보며
오늘까지 살아왔지만

즐거웠던 날이라곤
기억記憶 속에 별로 없어

모두들의 이야기는
나이를 먹을수록

애잔함에 서로서로
위로慰勞를 해 준다는데

정말 나도 그렇게
남들처럼 살고 있는가

생각하면 모두가 다
후회後悔되어 돌아온다

이 한 줄의 글로써
용서容恕가 될 수 있다면

골백번을 더 쓰겠지만
남은 생이 얼마나 될는지

멀지 않은 훗날 그 날
남남으로 헤어져 갈 때

후회만은 남기지
않고 싶은 마음뿐이네

2014. 11. 2. 결혼 38주년을 기념하며

술잔을 들고

선배先輩들과 함께
술 한잔을 할 때면
"이 안주는 얼마짜린데 맛이 없냐?"며
선배들이 투정도 부렸다

내가 후배後輩의 부름에 나가
한잔하려니 정말 맛없는 안주按酒다
그래도 혹시나
다음에 나를 불러 주지 않을까 봐

투정도 못하고
다른 말로 돌려서 하며
눈치만 살핀다

안주보단
우정友情이 맛있어야 하기에
참을 수 있다

사실事實은
선배들의 투정이 듣기 싫었었다

그녀를 보았어요

길을 걷다 우연히
그녀를 보았어요
지나가는 버스 차창에
기대앉은 모습을요

그녀는
나를 보지 못했을 거예요
생각에
잠겨 있는 것같이 보였어요

어느 날
말없이 내 곁을 떠났지만
아쉬움에
하루도 잊은 적 없었는데

이상한 그 기분을
말로 표현할 수 없네요
길을 걷다 우연히
그녀를 보았어요

인내忍耐의 한계限界

사무치는
그리움을
가슴에
잠재우며

일각이
여삼추로
기다려
왔는데

내 인생에
인내의
한계가
왔어요

더 이상
시험대에
올리지
말아 줘요

사랑이
무엇인지
그때는
몰랐었지만

지금은
말할 수
있어요
돌아와 줘요

더 바랄 것 없이
지난날처럼
사랑
하겠어요

당신을
사랑하며
그렇게
살고
싶어요

지독至毒한 사랑

어차피
잊어야 해도 잊을 수 없어요
당신을
사랑했어요 돌아와 주세요

내 눈에
눈물 자국이 마를 날 없어도
언젠가
죽는 날까지 기다리겠어요

잊으면
그만이라고 말들을 하지만
내 가슴
깊은 곳에는 당신뿐이네요

아무리
세월이 가도 잊을 수 없어요
당신을
사랑했어요 돌아와 주세요

님의 계절季節

싸늘한 창가에
찾아오는 그 얼굴

내 곁을 지켜 줄
사람인 줄 알았는데

창밖에 눈 내려
내 가슴에 젖어 들 때

사방을 보아도
그 모습은 보이지 않고

머물던 마음속
자리마저 비었는데

오늘도 옛 님의
계절 속에 머무르네

세월歲月아! 나와 놀자

세월아 나오너라
나랑 함께 놀아나 보자
얼굴을 숨겨 두고
어디에서 지내려는가

화창한 가을날이
실바람에 더 좋은데
푸른 물 넘실대며
흘러가는 강가에서

한 잔 술 앞에 놓고
지난날들 추억하며
도란도란 맺힌
얘기보따리를 풀어나 보세

나 또한 널 붙들고
하소연을 하고 싶구나
세월아 나오너라
나랑 함께 놀아나 보자

별의별別-別 생각

그대에게
내 마음 던져 놓고 돌아서서
괜찮을까
정말로 하지 말아야 했었나

생각들이
천지天地를 맴을 돌고 왕래往來하면서
혼자만의
공간空間인 뇌리腦裏 속을 더듬는데

내일 다시 만나면
무슨 말로 표현하나
나도 몰래 또다시
고민苦悶 속에 빠져들어

이렇게도 사랑이
미로迷路처럼 어려울까
후회할까 봐
별의별 생각하며 잠 못 들어요

달과 구름

떠나기 싫어 머뭇대는
달을 밀고 가는 바람

덩달아서 얼굴을
할퀴고 가는
얄미운 구름

어젯밤에 날 찾아와
울먹이며 말하기에

우리 서로 노력하며
참아 내자 위로했는데

남겨 놓은 그 한마디
그리움은 아픔이라며

오늘 밤에 다시 만나
하직下直 인사를 하려나

난 괜찮아요

이별 뒤의 아픔을
당신만 참을 수 있다면
난 괜찮아요
조금은 아파도
참을 수 있어요

당신만을 사랑했기에
당신의 길이라면
언제든지 웃으면서
보내드릴 수 있어요

우리들의 사랑이
옛이야기가 된다 해도
난 괜찮아요
조금은 외로워도
견딜 수 있어요

난 괜찮아요
난 괜찮아요

그리움인 것을

그 사람은
아주 멀리 떠나갔는데
불러 보는
목소리도 갈 수 없는데

몸부림을
치며 가는 푸른 강물이
떠나가던
그 사람의 눈물 같아요

이따금씩
스쳐 가는 바람 소리도
그 사람이
찾아 주는 음성音聲 같아요

나 여기서
언제까지 머물 수 있나
그대 품에
안겨 있는 그리움인 것을

그대는 바보

잊으려던 그 사람을
못 잊었기에

오늘 밤도 비가 내려
가슴 때리네

빗소리는 아픈 마음
꼬집어 주고

눈앞에서 서성이는
그대는 바보

그 눈가에 고인 눈물
빗물이겠지

생각하는 내 눈에도
빗물 고이네

루 - 루 -
그대는 바보

기억記憶하시나요

당신은
기억하시나요
우리 처음
만나던 날을

코스모스 핀
언덕길에서
갑작스레
비를 만나서

당신이
황급遑急하게
나를
감싸 주셨지요

비에 젖은
내 가슴은
쉴 새 없이
뛰고 있었는데

그 느낌이
식기도 전에
이유 없이
헤어지고 보니

너무나도
짧았던
만남 속에
꿈을 심었네요

지금에서
생각하면
아직도
꿈을 꾸나 봐요

그날의 비는
이별을
예견豫見하고
있었는데도

갈 테면 가거라

세월아! 갈 테면 가거라
너만 홀로 가거라
할 일 많은 청춘은 두고
너만 홀로 가거라

날마다 너의 괴롭힘에
안절부절못하면서
할 일 두고 포기할까 봐
걱정이 태산이네

머뭇거리던 내 청춘도
기백氣魄을 잃어 가며
거센 네 손길 앞에 서서
눈치만 보려 하네

세월아! 갈 테면 가거라
너만 홀로 가거라
할 일 많은 청춘은 두고
너만 홀로 가거라

지금은 그 어디에

내 곁에서
미소를 주던 그 사람인데
지금은
그 어디에 내 곁에 없네

그날들은
우리 한없이 행복했는데
빈 마음엔
미소까지도 떠나 버렸네

가끔씩은
생각이 나네 사랑했기에
외로울 땐
불러도 보네 보고 싶어서

내 곁에서
미소를 주던 그 사람인데
지금은
그 어디에 내 곁에 없네

낙엽落葉 이야기

아름다운 꽃물이
채 들지도 못하고
푸르스름한 빛깔로
낙엽이라 우기네

하루해가 부족해
덜 익은 것 같은데
낙엽이라 말하며
짧은 팔을 내미네

같은 길을 가 본들
낙엽 되어 가 본들
어떤 기쁨 있을까
어떤 보람 있을까

아니라면 차라리
가지 끝에 매달려
불어오는 바람결에
춤이라도 추었으면

그리움은
—그 얼굴

언제나 그리워서
보고 싶은 그 얼굴
나 혼자 울어 봐도
웃고 있는 그 얼굴

얄밉다고 생각해도
웃고 있는 그 얼굴
그리움은 그 얼굴과
함께하며 찾아온다

오늘도 얄밉도록
그 얼굴이 그리운데
변함없이 웃고 있네
나를 찾아 달려오네

언제나 그리워서
보고 싶은 그 얼굴
나 혼자 울어 봐도
웃고 있는 그 얼굴

가을 저녁

새벽까지 울고 가던
밤벌레에 잠을 설치고
안개 속에 눈을 뜨고
새로움을 만나려다가

저녁노을 등에 지고
쓸쓸하게 돌아설 때는
긴 그림자 내 발길을
막아서며 하소연하네

어제처럼 그런 날들
또다시는 오지 말라며
바람 속에 빌어 보면
어떤 날이 찾아 주려나

지난밤에 울어 주던
벌레들의 꿈이었는지
가슴속엔 음률音律들만
애틋하게 이어져 가네

사랑 한 모금

하루에다 하루를
더해 가며 사는 우리는
그날그날 무엇을
바라면서 살아갈까

사람마다 희망과
꿈들이 다르다 해도
행복하길 바라는 건
모두들의 마음이겠지

그래도 가끔씩은
물 한 모금의 목마름보다
한 모금의 사랑에
갈증渴症을 더 느끼는 것을

이 세상에 태어나서
따뜻한 사랑 없이는
허망虛妄하고 빈 가슴을
무엇으로 채울 수 있을까

못 잊을 당신

잊어야 할
사랑인 줄
알면서도
못 잊는 것은

지난날의
순간들이
아름다워
애태우는 것

모두가 다
고운 꿈의
연속이고
기다림이며

눈 감으면
언제라도
다정한
그리움이어라

아!
꿈길에도
못 잊을
당신이여!

아!
나 죽어도
못 잊을
당신이여!

당신은
언제나
나의
희망이었네

당신은
언제나
나의
꿈이었네

꿈이었다면

우리 사랑
꿈이었다면
깨어나면 그만일 것을
그 속에서
헤매고 있네
못 잊어서 그리워하네

시도 때도
가리지 않고
발길마다 그대의 생각
나만 홀로
괴로워해도
그대 모습 웃으며 섰네

이 모두가
꿈이었다면
깨어나는 그 순간까지
아픈 마음
잠깐뿐일걸
우리 사랑 꿈이었다면

가야 할 사람이라면

어차피
가야 하는 사람이라면

말없이
웃으면서 보내 줄 것을

울면서
붙잡아도 가 버렸는데

용서를
빌어 봐도 떠나갔는데

지금에 생각하면 나의 잘못이
뭔지도 알 수 없고 원망만 남네

어차피
가야 하는 사람이라면

말없이
웃으면서 보내 줄 것을

남매男妹

헤어져 멀리 있어
걱정하며 지내다가

어쩌다 만나 보면
말 못하고 마주하며

가슴으로
안부安否 묻고
가슴으로
대답對答하는

혈연血緣으로 엮어 놓은
끈끈한 정情인 것을

남들이 바라보며
부러워서 하는 말은

어쩌면 남매간에
저렇게도 다정할까

당신이 뭐길래

당신이 뭐길래
내 가슴에 자리하고
수많은 밤들을
설렘 속에 빠지게 하나

당신이 뭐길래
내 마음을 훔쳐 가고
어제도 오늘도
잠 못 들고 괴로워하나

설렘은 떨림으로
가슴으로 다가오고
가눌 수 없도록
느껴져서 벗어나고파

밉다고 생각해도
그려 보면 미소 짓네
고독孤獨한 나를 향해
달려오며 손짓하네

불우不遇 이웃

사랑해 본
경험經驗 없는
안타까운 불우 이웃
오고 가며
만나지는
많은 사람 가운데서

어떤 이는
만났다가
헤어지길 잘도 하고
짚신이나
고무신도
짝이 있다 말하는데

어디 가서
한 사람을
못 구해서 외톨인가
큰소리치며
웃는 나도
알고 보면 불우 이웃

흘러, 흘러

내 청춘青春 흘러 흘러
가는 곳이 어디일까
내 인생人生 흘러 흘러
가는 곳이 어디일까

가는 곳 머무를 곳
아무것도 모르는 채
돌아오지 못할 길을
세월 따라 가는구나

아쉬워 돌아보면
모두가 다 후회後悔되네
다시 한 번 올 수 있다면
후회 없이 살아 보련만

내 청춘青春 흘러 흘러
가는 곳이 어디일까
내 인생人生 흘러 흘러
가는 곳이 어디일까

우리가 사는 법法

이 세상에 태어나
사랑하며 살려 하면
먼 길 떠나가듯이
가시밭도 헤쳐 가고

꽃길 속을 따라서
행복을 노래하며
두려운 일 슬픈 일
아픔까지 감수甘受하고

너그러운 사람들
별난 사람 모두 함께
칡넝쿨처럼 얽힌 채
살아가야 하는 것을

우리들은 언제나
편하게만 살려 했네
마음길이 울면서
후회하며 붙잡아도

사랑의 불씨

가 버린
날들이라며
잊어버리려 해 봐도
너만은
잊을 수 없다
너무나 사랑했기에

불타던
우리 사랑의
불씨가 남아 있는데
비 내려
가슴 적셔도
되살아나는 불씨를

어떻게
지울 수 있나
꺼지지 않는 기억記憶을
어떻게
지울 수 있나
너와 나의 그 흔적痕迹을

그 사람

떠나 버린 그 사람을
못 잊어서 애태우다
꿈길마다 그 얼굴을
찾아보며 헤매네

잊어 봐도 좋으련만
가슴 깊이 아로새겨
돌아보는 길목마다
그 사람의 발자취뿐

꿈길 같은 그런 세월
다시 오라 불러 봐도
그 사람만 내 마음을
달래 줄 수 있는 것을

떠나 버린 그 사람을
못 잊어서 애태우다
꿈길마다 그 얼굴을
찾아보며 헤매네

바람이 전하는 말

바람이 어렴풋이
전하는 그 말들이
귓가에 들려오네
가슴에 안겨 오네

사랑하며 살라 하네
다정하게 살라 하네
세월을 믿지 말고
마음을 지키라네

길가에 흩어지는
수많은 사연들은
못 본 체 고개 돌려
모른 체 살라 하네

바람이 어렴풋이
전하는 그 말들이
귓가에 들려오네
가슴에 안겨 오네

요즘 당신

사랑에 눈을 뜬 뒤
혼자는 외로울까 봐
당신을 만나면서
사랑을 주고받는데

뜻 모를 이야기만
되풀이하려는 당신
그 마음 알 수 없어
요즘은 울고 싶어요

당신을 위해서면
무엇을 하면 되나요
어쩌면 우리 함께
행복하게 살 수 있나요

사랑에 눈을 뜬 뒤
혼자는 외로울까 봐
당신을 만나면서
행복을 알고 싶은데

행복幸福이 머무는 곳

즐거운 마음으로
노래하고
춤추는 곳에
사랑이 찾아오고
두 마음이
함께하지요

인생을
아름다운 추억으로
만드는 곳에
따스한
태양이 뜨고
우리의 꿈이 피지요

꽃처럼 화려하게
이 모두를
가꾸어 가는
사랑과 꿈이 있는
그곳에
행복이 있지요

빗물이 자꾸

안녕이라는
인사 한마디 하지 못하고
돌아서 가는
발길을 따라 비가 내리네

울먹이며 선
너의 앞에서 눈물 흘리면
따라 울까 봐
먼 산을 보며 외면했는데

자꾸만 우는
빗물 때문에 나 울고 있어
지키지 못해
너무 미안해 용서를 빌어

사랑했기에
미련 때문에 못 잊을까 봐
참고 싶은데
빗물이 자꾸 안아 주려 하네

상처傷處

생각하면
엊그제 같은 일들도
잊힐 날이
벌써 지나가 버렸는데

가슴속에
깊이 새겨 상처로 남아
미련처럼
아파 오는 눈물 되었네

이 아픔이
언제쯤에 아물어질까
남겨지던
그때보다 괴로움인걸

미소 같은
그림자에 잠 못 들어도
꽃이 되어
피어나네. 아픈 상처가

그대 뒷모습

그대 떠나가는
뒷모습만 바라보며
달래도 보았지만
어떻게 할 수가 없었네

누구의 잘못인지
우리 서로 모르지만
그래도 이별이란
생각조차 못했는데

그대 뒷모습이
멀어질 땐 나도 몰래
가슴 한구석이
저며 오며 울고 싶었네

그대를 물끄러미
바라보는 골목길엔
바람만 불어오고
내 눈엔 비가 내렸네

떠나려네

내 사랑 그대는
그리움에 묻혀 가며
외로움 속에 나만
홀로 남겨 두려 하네

내가 싫어 가려나
돌아올 수 없는 저 길을
혼자만의 행복을
찾아서 떠나려네

난 아직 그대를
사랑하고 있는데
몸부림치는 나만
홀로 남겨 두려 하네

그리움이 찾아와
가슴속에 응어리져도
혼자만의 행복을
찾아서 떠나려네

피는 꽃

피는 꽃도
언젠가는
지는 설움에
울 날 있겠지만

피우지 못한
꽃이라며
울어 본다고
달래지나요

우리 사랑
계절 없이
피어난다고
지는 날 올까요

당신과 나
믿음으로
지켜 낸다면
걱정 없겠지요

우리들은
이별 앞에
눈물 흘리는
일은 없겠지요

언제라도
사랑으로
피고 있는
꽃이라 하지만

피는 꽃도
언젠가는
지는 설움에
울 날 있겠지만

피우지 못한
꽃이라며
울어 본다고
달래지나요

외로운 밤에

깜깜한 밤
눈을 감으면
내 눈앞엔 온통
그대 얼굴뿐이네

그려 보는
밤길 곁에서
설렘으로
안절부절못하고 있네

그대여!
외로움의
밤길 속으로
달려와서 날 안아 줘요

그대여!
어서 와서
내 마음을 달래 줘요
어서 와요.

그대만
내 곁에서
있어 준다면
두려울 것
하나 없겠네

그대만
내 곁에서
있어 준다면
부러울 것도
없을 것 같네

그대여!
어서 와서
내 눈물을
닦아 줘요
어서 와요

서글픈 마음

그대를 보내 주고
돌아서는 발길에
쓸쓸히 비가 오네
내 마음을 울려 주네

내딛는 젖은 걸음
걸음마다 쌓여 오는
설움들 아쉬움들
그 속으로 묻혀 가는

초라한 나의 모습
잊혀져 갈 서글픈 마음
이별이 쉽게 올 줄
정말, 정말 몰랐는데

이토록 아픈 가슴
달랠 줄은 몰랐는데
이제 와 후회한들
무슨 소용 있을까요

그대 목소리

그대 목소리 나를 부르네
눈 감으면 웃고 있네
그대 모습 달려오네
나를 향해 손짓하네

그대를 만나 사랑을 알고
행복도 알았기에
언제라도 귓가에서
사랑 노래 불러 주네

내 마음도 그대 곁으로
꿈길처럼 날아가네
그대만을 그리워하네
그대만을 기다리네

그대 목소리 나를 부르네
눈 감으면 웃고 있네
그대 모습 달려오네
나를 향해 손짓하네

당신 모습

당신을 사랑했기에
목이 메어 불러 봐도
당신 모습 보이지 않고
메아리만 울며 오네

잊어야지 생각해도
잊지 못할 당신이기에
바보처럼 울어 보네
울면서도 몸부림치네

그 누가 사랑 때문에
나처럼 아파 봤을까
그 누가 사랑 때문에
나처럼 울어 봤을까

먼 훗날 내 인생에도
봄날이 올 수 있다면
이 아픔을 참아 가며
당신 모습 지워 보겠네

보고 싶은 마음

이 자리에
당신이 함께했으면 좋겠습니다
언제나
마음 곁에 머무는 당신이지만

미소 짓는
당신 모습 다정하던 그 모습이
오늘따라
보고 싶어요 무척이나 보고 싶어요

애타는
내 마음만 당신에게 달려가지만
그렇다고
그리움을 씻을 수는 없겠지요

이 자리에
당신이 함께했으면 좋겠습니다
언제나
마음 곁에 머무는 당신이지만

폭포瀑布에서

눈물처럼 맺힌 이슬
그늘에서 빛을 내고

폭포에서 내리는 물
소리 내어 울고 있네

무서움에 몸을 떨며
겨우 섰던 저 산들도

모르는 체 고개 돌려
하늘 보며 외면하다

곁눈질로 나를 보고
미소 속에 손짓하고

수줍은 듯 돌아서서
단풍 뒤로 숨으려네

2014. 11. 15. 배내골 파래소폭포에서

왜 떠나 버렸나요

창밖에
그대 얼굴 떨어지네요
미소 띤
그대 얼굴 낙엽인가요

왜
떠나 버렸나요. 나를 남기고
왜
떠나 버렸나요. 그대 쓸쓸히

꽃 피면
오시려나. 꽃길을 따라
비 오면
오시려나. 빗길을 따라

오늘도
그대 생각 지울 수 없어
이렇게
애태우며 불러 봅니다

안개 속 이별離別

그 사람은 가고 있는데
자욱하게 안개가 내려

떠나가는 뒷모습조차
보지 말라 막아 버리네

울며 갈까 후회를 할까
홀가분해 웃으며 갈까

내 가슴엔 비 내리는데
그 가슴엔 바람이 불까

돌아서는 발길 따라서
안개마저 비 되어 오네

달랠수록 더 아파 오는
내 마음을 때려 주려나

그대 이름을

그대 이름을
가슴에 담고 살아가노라면
순간순간마다
불러 보고 싶고 그려 보고 싶어

잠깐인 줄을
알고 있어도 헤어져 있으면
못 견디게
보고 싶어서 불러 보고 싶어

사랑인 줄을
알면서부터 더 참을 수 없어
그대 이름을
소리 내어서 불러 보고 싶어

그대 이름을
가슴에 담고 살아가노라면
순간순간마다
불러 보고 싶고 그려 보고 싶어

방황彷徨

당신을
만나지를 않았더라면
난 아직
방황하고 있을 거예요

사랑이
피어나는 가슴을 열고
당신을
바라보며 살고 싶어요

지난날
생각하면 어둠에 묻혀
의지할
곳을 찾아 헤매었는데

꿈속의
나라 같은 그런 속에서
당신과 함께
행복하고 싶어요

그 모습

거울을 보며 말을 건넨다
당신은 지금 어딜 가지요

웃으며 섰는 익은 모습이
함께 간다며 대답을 한다

혼자이면서 외로울 텐데
그런 표정도 볼 수가 없고

세월을 따라 먼 길 왔는데
또 그 어디로 가야 하는지

두려운 마음 있을 터인데
미련도 없는 느낌만 같네

하지만 내가 제일 싫어하는
그런 모습과 얼굴인 것을…

지금은 어데

내가 힘들어
할 때마다
위로하며
보살펴 주고

외롭지 않게
감싸 주며
따뜻하게
안아 주었지

그래서
사랑했던
사람인데
지금은 어데

지난날을
생각하면
행복했던
순간들인데

그 사람은
어디 가고
나만 홀로
남겨졌는가

이제 와서
후회해도
소용없는
일이라 해도

지키지 못한
괴로움에
흐느끼며
그려 보지만

대답 없는
그 이름은
어디에도
찾을 수 없네

우리들의 옛이야기

잊혀져 간 이야기
우리들의 옛이야기
허공에 흩어져 간
지난날의 그 사연들

못다 이룬 사랑에
아쉬움만 남겨 둔 채
못 잊는다 말하며
울면서 돌아섰지만

잊어도 못 잊어도
설움은 마찬가진데
생각을 말자면서
하루하루 다짐을 했지

그래도 가끔씩은
생각나서 뒤돌아보며
허공에 새겨 보는
우리들의 슬픈 이야기

애정결핍愛情缺乏

그대를
만나고 행복을 알았기에
그대가
떠난 후 행복도 떠났어요

사랑이 메마른
가슴은 갈증渴症 속에
오늘도
그대 향해 내 마음 보냅니다

나에겐
그대의 사랑이 필요해요
메마른
가슴에 사랑이 필요해요

그대만
사랑을 채워 줄 수 있어요
돌아와
주세요. 그대를 사랑합니다

당신과 함께라면

당신과 함께라면
외딴 초가도 난 괜찮아

티브이 한 대 없다 해도
반딧불이와 친구 하며

낮이면 밭에 나가
소를 몰며 김을 매고

밤이면 화로 앞에
오순도순 정을 나누며

당신과 함께라면
두렵지 않아 난 괜찮아

가난해도 참을 수 있어
당신과 함께라면

무엇이 그리워서

저 태양은
무엇이 그리워서 타오르고
저 새들은
무엇이 그리워서 울며 가나

달길 따라
간다고 그리는 님 만나지나
밤을 새워
운다고 그 마음이 달래지나

이러하든
저러든 떠난 사람 마음인걸
좋든 싫든
곁에서 지켜 줘야 내 님이지

저 태양은
무엇이 그리워서 타오르고
저 새들은
무엇이 그리워서 울며 가나

아쉬움

그 사람이
돌아오지
않을 줄을 알면서도

자꾸만
지난날의
첫 만남을 생각하네

조용한
찻집에서
가슴 뛰는 설렘으로

고개를
숙인 채로
곁눈질로 마주할 때

내 마음은
별천지에
떨어져서 헤매었고

온몸마저
오그라들어
가는 것 같았는데

긴장하던
그런 기분
행복했던 그런 순간

이 모두 다
지우려고
애를 써도 소용없네

그 사람이
돌아오지
않을 줄을 알면서도

자꾸만
지난날의
첫 만남을 생각하네

절반折半의 책임責任

생각을 말자며
몇 번이고 다짐을 해도
오늘도 못 잊어
그대 얼굴 그려 보네

때로는 야속타
원망하며 잊으려 해도
돌이켜 생각하면
내 잘못이 큰 것 같아

절반의 책임까지
그대에게 지울 순 없어
돌아올 수 있다면
다시 한 번 시작하고 싶어

한순간 잘못으로
두 사람이 울어야 하듯
사랑은 두 사람이
지켜 가야 하는 것인걸

이별離別이었네

돌아올 줄 알고
다시 올 줄 알고
보내기 싫어도
웃으며 보내 줬는데

영영 가는 이별이었나
오늘도 소식 없네
그것도 모르고
손 흔들며 웃어 줬는데

그때의 그 미소는
마지막 인사였나
잊을 수 없는데
어떻게 잊어야 하나

영영 가는 이별이었네
내가 바보였네
영영 가는 이별이었네
내가 바보였네

애증愛憎의 관계關係

사랑이 깊어질수록
미움도 비례하는 것

먼 길을 함께하려면
애증의 관계가 되지

너와 나 세상에 나서
눈길로 인연을 맺어

마음을 주고받으며
그렇게 사랑하는데

언제나 변치 말자며
약속한 그대로 살자

너만을 사랑할 거야
영원히 사랑할 거야

꿈이었으면

꿈이었다. 생각하려고 해도
깨어나는 꿈이 아닌
후회 속의 현실인 것을
우리들의 아픈 사랑

만날 때면 하루하루가
외줄 타기 하듯
아슬아슬 위태위태한
두려움만 더 했는데

내 사랑이 저만치 가네
양어깨를 들먹이며
아끼면서 지키려 하던
촛불처럼 꺼져 가네

꿈이었다. 생각하려고 해도
깨어나는 꿈이 아닌
후회 속의 현실인 것을
우리들의 아픈 사랑

바람이 되어

나도
바람이 되어 바람 따라 가고 싶어
그렇게
눈을 꼭 감고 소리 없이 말도 없이

어디로
갈지 모르고 머무를 곳 모르지만
그 길이
내가 가고픈 고향 같은 그리운 길

가다가
힘에 겨우면 마음 씻어 널어놓고
찬란한
태양 아래서 노래하며 쉬어 가는

나도
바람이 되어 바람 따라 가고 싶어
그렇게
눈을 꼭 감고 소리 없이 말도 없이

언제쯤

언제쯤
당신을 사랑할 수 있나요
만나면
모른 체 새침만 떼는 당신

꿈길에
미소 띤 얼굴로 찾아 주면서
애타는
내 마음 헤아려 줄 수 없나요

날이면
날마다 당신을 그리면서
초라한
모습으로 길목을 서성였는데

오늘도
그렇게 기다려 보렵니다
언제쯤
당신을 사랑할 수 있나요

그대의 발길 따라

사랑도 미움도
강물처럼 흘러가네
그대의 발길 따라
내 곁에서 멀어지네

이제는 사랑할 수도
미워할 수도 없도록
저 멀리 아주 멀리
기약 없이 떠나가네

언제나 변함없이
머무를 줄 알았는데
멀어지는 그대 모습
바라보다 눈물짓네

사랑도 미움도
강물처럼 흘러가네
그대의 발길 따라
내 곁에서 멀어지네

잊어 주겠네

지금
내 곁을 떠나간다면
네 뜻대로 잊어 주겠네
나의
마음은 하늘을 날며
네 걸음만 보고 있다네

어제
꿈들은 아름다웠고
새 희망도 있어 좋았지
오늘
이 자리 모두 떠나고
허무만이 함께하려네

내가
떠나려 고개 돌릴 때
넌 저 멀리 가 있어야 해
어떤
미련도 남기지 말고
오는 내일來日 생각만 하게

숨길 수 없는 마음

너와 나의 약속은
먼 길을 가자 했는데
한 발자국 내딛고
떠나려 하고 있네

스쳐 가는 날들이
험하다 말을 해도
참아 보면 행복을
찾을 수 있으련만

풀지 못한 마음이
헤매고 있다 해도
아! 그래도
간다며 인사하네

아무것도 모른 채
물 같은 세월 따라
숨길 수 없는 마음
눈물만 삼키는데

너 때문이야 I

너의 얼굴이 그리운 것은
내 곁을 떠난 너 때문이야

긴 한숨 속에 아픈 마음을
달래는 것도 너 때문이야

비가 내리는 길모퉁이를
서성이면서 맴도는 것도

지난날들을 아쉬워하며
눈망울을 적시는 것도

이 모두가 다 너 때문이야
말없이 떠난 너 때문이야

이 순간부터 소식을 끊어
미련도 없이 잊을 테니까

부모의 마음

밝은 태양 아래에서
웃고 있는 모습을
행복이라 말하는
수많은 사람들이

날마다 그늘에서
말 못하고 눈물짓는
가슴 아픈 사연들을
알 수가 있을까

어느 날은 한없이
행복해 보이고
어느 날은 너무도
불행해 보이듯이

오고 가는 날들 속에
광대처럼 분장하는
부모의 마음을
어느 누가 알아줄까

슬픈 이야기

세월아! 세월아!
너만은 아느냐
외로운 꽃송이에
이슬이 맺혔는지

바람도 서럽다 하네
네가 부르는 콧노래를
천둥 번개 치며 비 오고
북풍한설北風寒雪 몰아쳐도

굽은 허리로 힘겹게 서서
꿋꿋이 버텼는데
그 누가 알리요
할미꽃 슬픈 사연事緣을

어린 손녀 보고파서
무덤 위에 홀로 서서
기다리다 지쳐 버려
눈물짓는 할미꽃

싫지 않은 사람

곁에 있어 좋은 사람
멀리 있어 그리운 사람
언제라도 생각나는
내가 사랑하는 사람은

내 마음을 앗아 가고
발길마저 묶어 두는
철새 같은 그 사람
얄미운 그 사람

눈 감으면 그 음성
귓가에서 맴돌고
미소 띤 그 얼굴로
살며시 다가오는

나를 사랑하는 사람
잠시라도 그리운 사람
생각하면 얄미워도
싫지 않은 그 사람

아픔의 무게

이별을 생각하면
두 마음속의
아픔은
무게까지 똑같겠지만

만남이 있었기에
잊을 수 없는 나에겐
너보다
더 아플 것 같아

한순간 생각으로
돌아선다면
서로가 사랑했다
말할 수 있나

내 마음 여기에서
너를 기다려
네 발길 돌려 다오
나의 곁으로

우리들은

퇴색되는 하루 속에
살아가는 우리들은
잊지 못할 사연들을
잊어야만 한다지만

가는 곳도 모르는 채
강물처럼 흘러가고
머물 곳도 모르는 채
구름처럼 흘러가네

아쉬움이 많다 해도
모두 다가 같은 마음
넉넉하게 살았다고
어느 누가 말을 할까

쌓인 정을 묻어 놓고
이 세월에 몸을 실어
그렇게 한세월을
따라서 가야 하지

빼앗긴 마음

어느 날
우연히 당신을 만났고
그 순간 내 마음 빼앗겨 버렸네

오늘도
내 마음 내 곁에 없네요
언제나 그 마음 찾을 길 없네요

나는야
마음을 빼앗겨 버린 채
이렇게 그 속을 헤매야 하는데

사랑에
빠지면 눈이 먼다 했지만
당신은 이 기분 모르실 거예요

어느 날
우연히 당신을 만났고
그 순간 내 마음 빼앗겨 버렸네

쓸쓸한 거리에서

저 여인은 어디에서
무얼 찾아
여기 왔을까

쓸쓸한
이 거리에서
무슨 사연 잃었기에

고개를 떨군 채로
낙엽을 밟으며
힘없는 발걸음을
세면서 걸어갈까

때로는
회상回想에 잠기는 듯
눈을 감고

가끔씩은
먼 산을 보며
긴 한숨을 내쉬기도 하고

무슨 소리를 듣는 듯
귀를
기울여 기도하며

추억을
찾는 걸까
무엇을 찾는 걸까

저 여인은 어디에서
무얼 찾아
여기 왔을까

쓸쓸한
이 거리에서
무슨 사연 잃었기에

고개를 떨군 채로
낙엽을 밟으며
힘없는 발걸음을
세면서 걸어갈까

정情 하나

순간마다
아쉬운 마음으로
채워야 하는

너와 나의 가슴에
사랑과 이별을 두고

싫었던 건 무엇이고
좋았던 건 무엇일까

그 마음에
정 하나
심어야 한다면

나 - 그대 위해
모두를 바치리라

음 - 정 하나
심어야 한다면

천년千年 사랑

사랑이 별거더냐
너와 내가 만났기에
천천히 우리 서로
알아 가면 되는 거지

백 년을 산다 해도
천년을 산다 해도
변함없는 내 사랑에
내 전부를 걸어 본다

우리들 마음일랑
서로에게 맡겨 두고
행복을 노래하며
축복 속에 살아 보자

사랑이 별거더냐
너와 내가 만났기에
천천히 우리 서로
알아 가면 되는 거지

풍차風車 같은 인생人生

흘러가는 이 세월을
넌들 잡을 수 있나
불어오는 저 바람을
난들 막을 수 있나

가는 세월 한탄恨歎 말고
오는 바람 원망怨望 말자
어떤 바람 많았기에
가슴속에 담아 두나

풍차 같은 우리 인생
쉬지 않고 돌아가도
도는 방향方向 변함없이
언제든지 그대론데

한숨 속에 심지 말고
마음까지 비워 놓고
세월歲月 녀석 불러 놓고
우리 함께 즐겨 보세

희미한 사랑

세월에 퇴색退色되어
희미한 사랑 때문에
오늘도 지난날의
시간時間을 찾아 나선다

떠나던 모습들이
모두가 아름답기에
흘러간 그날들을
언제나 그리워하겠지

기약도 없는 사람
잊어야 하는 사람을
가슴에 다시 새겨
아픔을 불러오려네

세월에 퇴색되어
희미한 사랑이라며
그래도 못 잊어서
또다시 그려 보려네

그때의 이별離別

언젠가
만날 수 있겠지
그렇게 생각하며
하루에
하루를 더하며
마음을 달래 왔는데

내 사랑
어여쁜 그대는
오늘도 소식 없어
지쳐 버린 가슴속에
쓸쓸히
비가 내리네

눈물을
보이지 말자며
웃으며
헤어졌는데
지금에 생각해 보면
섣부른 행동이었네

너만은 믿었다

다른 사람들의
이별을 보아 오면서
나는 아니라며
너만은 믿었는데

오늘 이 순간
우리 앞에 찬바람 부네
이왕 가려거든
웃으며 떠나가 다오

웃으며 보내 주고
편하게 잊어 보리라
또 다른 만남 위해
너만은 잊어야 하니까

다른 사람들의
이별을 보아 오면서
나는 아니라며
너만은 믿었는데

떠나 버린 철새

남모르게 그리움이
찾아오는 것은

때늦은
후회와 아쉬움
때문이겠지

지난날
못다 한 사랑
아무리 그리워해도

세월 속에 머물지 못해
떠나 버린 철새인 것을

후회하며 울어 본들
다시 못 올 지난날들

그날에 얽매여서
오는 사랑 놓칠세라

사랑을 기다리며

혼자라고 생각하면
외로움은 더해 가고
한구석이 비어 있는
마음을 채우려다

길에 나서면 오고 가는
사람들이 쳐다보이고
뜻 모를 설렘으로
온 사방을 살펴본다

만날 사람 없으면서
약속이나 한 것처럼
마음이 바빠지고
초조하게 기다려진다

오늘도 또 그렇게
낯선 길을 나서 보니
가슴이 차가워 오고
기다림이 시작된다

지는 해야!

해야!
지는 해야!
네가 빛을 잃고
기울어 가니

오늘 하루도
내 곁에서
멀어져
가는구나

매일매일
찾아왔다
떠나가는
발길 따라

내 님의
마음마저
그 어디로
따라갔니

나도
모르는 곳으로
머물지도
못하고서

한낮의
너의 기운 속에
가는 세월
잡고 싶네

해야!
지는 해야!
네가 빛을 잃고
기울어 가니

오늘 하루도
내 곁에서
멀어져
가는구나

얄미운 이 세월

청춘을 돌려 달라
애원을 했는데
대답 없는
얄미운 이 세월

내 인생을
이유 없이 맡겨야 하는 걸
누구에게도
들은 적이 없는데

살아온 인생길에
내 잘못을 모른 채
생각하면
눈물이 나네요

이 세월이 얄미워요
내 인생이 슬퍼요
이 세월을
이길 수는 없나요

틈새

너만을 믿었기에
이별 올 줄 몰랐다

언제나 너를 위해
내 마음 바쳤는데

어느새
우리 사이
틈새가 생겼기에

이렇게 안타까운
순간에 서 있을까

무심한
이 세월을
원망해 무엇하나

다 못한
우리 사랑
허공에 묻어야지

홍매화紅梅花

미련스러운
겨울이 머무는
틈 사이에서
그대 향해
남몰래
수줍은 마음 열었어요

그대여
꽃잎에 맺힌
이슬방울 닦아 줘요
나에게
눈물일랑
배우게 하지 말아요

그대 마음
내 곁에서
영원히 함께한다면
나 그대 위해
이 마음
모두 다 바치겠어요

그리움에

내 곁을 떠나 버린
사람이라 해도
언제나
아름다운 기억 속에 사는

그리운 님이라면
더 좋겠습니다
그토록
사랑했던 사람이니까요

그리고
행복하면 더 좋겠습니다
나 또한
내 님처럼 행복해야지요

꿈길에 만나 보면
더 좋겠습니다
내일도
그리움에 심어야 하니까

당신의 향기香氣

그리움을 몰랐어요
당신이 있어
그랬나 봐요
오늘 밤도
빠져들어요
당신만의 향기 속으로

돌아올 수는 없나요
모두가
내 잘못 같아요
후회하고 있어요
지난날로
가고 싶어요

그리움을 몰랐어요
당신이 있어
그랬나 봐요
오늘 밤도
빠져들어요
당신만의 향기 속으로

그대 그림자 되어

바람결에 떨어진 꽃잎
어디론가 날아가고

그대 향한 내 마음은
그대 곁으로 날아가네

고백하면 멀어질까 봐
애태우다 잠이 들고

꿈길에서 만나서도
망설이다 뒤돌아섰네

차라리
그대의 그림자 되어
머물고 싶어

언제나 그대 곁을
지켜 주며
함께하고 싶어

떠날 수 없는 우리

세월에
취하여
늘어지고
줄어들고

녹슬어
탈색되고
균형을
잃었는데

사랑은
무엇일까
이별은
무엇일까

만났다
헤어지는
수많은
순간들이

꿈같은
흐름 속에
되풀이
하며 가고

내일은
어디에서
그 사람
불러 보나

아!
잊지 못해
떠날 수
없는 우리

하루를
보내고도
떠날 수
없는 우리

나의 그리움은 너

파란
하늘에는
조각구름
떠가고

하얀
내 마음엔
작은 새
날으네

나의
그리움은
너 하나
뿐이었는데

너는
내 마음
헤아려 주지
않으려네

우리의
만남이
우연
이었다 해도

이렇게
헤어질
수는 없는
거잖아

지난
날들의
아름답던
이야기를

묻어 두기엔
내 가슴이
너무
비좁아

찬비

내 마음
울적해서
외로워질 때면

외길을
따라가며
너를 찾아 나선다

날 반겨 웃어 주던
그림자는 머무는데

사방을 둘러봐도
네 모습은 어디에

지친 마음 참지 못해
눈망울을 적실 때

찬비만 소리 없이
내 마음 달래 주려네

영원永遠한 이별離別

너와 내가 만나서
서로 좋아 사랑했기에

한순간의 이별이
잠깐인 줄 알고 지냈고

하루 이틀
소식 없이 보낸 날이
쌓여 왔건만

영원한
이별로 변해 갈 줄
정말 몰랐네

소식 한 장 전할 길도
받을 길도 없는

사연의 아픔까지
달래며 돌아서는
영원한 이별

나는 행복幸福해

나는 행복해
너무 행복해
네가 있어
나는 행복해

외로울 때나
기쁠 때나
즐거울 때나
슬플 때나

언제라도
곁에 다가와
지켜 주는
네가 있어

나는 행복해
너무 행복해
그 누구도
부럽지 않아

감기 몸살을
할 때라면
밤새워서
간호해 주고

무슨 일이
생긴다 해도
내 곁에는
네가 있어

마음씨 곱고
아름다운
네가 있어
나는 행복해

우리 사이
변함없기를
우리 함께
지켜 가자

내 발길

한 걸음
두 걸음
터벅터벅
걷는 발길에

찬 바람
불어오네
낙엽이
날려 오네

어제는
황혼길을
오늘은
새벽길을

정처 없이
기약 없이
말없이
걸어가네

우리의
인생길도
내 발길
같겠지만

이 길을
가노라면
해가 뜨는
날도 있겠지

한 걸음
두 걸음
터벅터벅
걷는 발길에

찬 바람
불어오네
낙엽이
날려 오네

자존심自尊心

속이 좁아
이해를
해 주지
못한다고

말을 하며
내 곁에서
떠나려
하지만

너의
그 변명 속에
버림
받는 것을

나의
자존심이
허락
하지를 않아

속 좁은 난
속이 좁아
이렇게
된다 치고

속 넓은 넌
어떻게
사는지
두고 볼 거야

살다 보면
때로는
속상한
일도 있겠지만

서로가
사랑한다면
양보할 때도
있어야지

후회後悔 말고 잡아라

내 손 놓지 마라
내밀 때 붙잡아라
떠난 뒤에 후회 말고
곁에 있을 때 잡아라

별사람이 있더냐
사랑이 별거더냐
서로가 알고 보면
거기서 거기인 것을

이 세상을 살아가는 건
모두가 다 공평한데
어쩌면 우리들은
손해 보며 사는 것 같아

내 손 놓지 마라
내밀 때 꼭 잡아라
떠난 뒤에 후회 말고
곁에 있을 때 잡아라

나를 잊어 주세요

나를
잊어 주세요
모르는 남인 것처럼

거니는 발길 따라
스쳐 간 바람이라며

나를
잊어 주세요
몰랐던 처음처럼

기억을 지워 가면
웃을 날도 있겠지요

어차피 헤어질 것을
누구를 원망하리오

미완未完의 사랑이라면
우리 둘의 책임인 것을

내가 아는 재테크財tech

재테크! 문득 재테크에 대한 이야기를 해 보고 싶었다. 나는 경제전문가經濟專門家도 아니고 전문적으로 연구研究를 했거나 지식知識 또한 별로 없다. 그러나 내가 아는 만큼의 재테크를 얘기해 보고 싶었다. 그래서 언젠가 기회機會가 되면 재테크에 대하여 글을 써 봐야겠다고 생각을 하고 있었는데 좀처럼 기회가 닿질 않았다. 그러다 이번에 짧은 지면紙面을 이용하는 만큼 단순하게 이야기를 늘어놓아 발표發表를 해 보고 반응反應이 좋으면 이에 대한 연구研究를 조금 더 하여 전문專門 서적書籍으로 펴내야겠다고 생각을 가져 보기도 한다.

우선 재테크라 하면 누구에게나 관심사關心事가 아닐 수 없다. 어떻게 보면 부富는 우리 모두가 요구要求하고 부러워하는 선망羨望의 과제課題일 것이다. 그런데 너무 광범위廣範圍하고 배워야 할 과목科目도 너무 많을 것이다. 그래도 쉬운 대로 하나씩 풀어 가 보자. 민주주의 사회에서 누구나 부자富者로 살고 싶어 하는 것이 당연當然한 일일 것이라고 생각한다. 그러나 어떻게 시작해야 하는지는 알지 못한다. 그러다 보니 어떠한 투자의 기회가 주어져도 활용活用할 수가 없다. 그런 현상現象을 “돼지 목에 진주 목걸이”라고 한다.

특히나 요즘 젊은이들과 대화對話를 해 보면 투자投資의 원칙原則을 벗어나 투기投機를 하려 한다. 이는 재테크라는 핑계로 빠른 기간 내에 투기로 목적目的을 달성達成하려 한다면 너무나 위험危險한 일이 아닐 수 없다. 투자와 투기는 분명히 다르다.

그러나 목표目標는 같을 수 있다. 투기는 언제나 리스크(위험)*Risk*가 따르기 마련이다. 기간을 나누어 보면 투기는 단기短期를 보지만 투자는 장기長期를 본다. 그렇다면 재산財產의 증식增殖은 얼마 정도, 어떤 비율比率로 불어나야 될까. 내가 세우는 기준基準의 비율로는 최소 5년을 주기로 배倍로 불어나야 한다고 생각한다. 즉, 1억 원을 가지고 투자를 시작하면 5년 뒤면 100%가 증식된 2억 원이 되어 있어야 한다는 논리論理인 것이다. 1970년도에는 정기예금 금리가 연 28%까지 오른 적이 있다. 그때 같으면 정기예금 들어 놓고 가만히 있어도 4년이면 배로 불어났을 거다. 그러나 이제는 그런 금리가 형성形成될 수가 없다. 이미 제로*Zero* 금리로 가고 있는 현실을 받아들여야 한다. 그렇다면 좋은 투자처가 생겼는데 다소 자본이 부족不足하다면 저금리의 대출貸出을 활용活用하는 작전作戰도 필요하다. 부채負債도 자산資產이기 때문이다. 이 부채가 나의 생활을 윤택潤澤하게 도와줄 수 있기 때문이다. 그런데 싼 이자 때문에 겁怯 없이 빚을 내는 일은 조심해야 한다. 거기에도 나의 기준은 자기 자본의 30% 비중比重을 초과超過하면 위험危險하다고 생각하고 있다. 그러니까 월수입으로 부채에 대한 이자利子를 감당堪當할 수 있어야 한다는 말이다. 투자란 불가항력不可抗力적으로 손해損害를 봐야 하는 경우가 있을 수 있다. 이럴 땐 손해를 최소화最小化하는 지혜知慧도 필요하다.

그래서 적은 이익을 보더라도 안전安全한 투자를, 손해損害를 볼 일이 생기더라도 적게 보는 투자가 되어야 한다. 즉, 위험危險을 최소화最小化하고 이익을 극대화極大化할 수 있는 마음가짐이 중요重要하다.

재테크의 방법方法으로는 단순單純히 세 가지로 분류分類할 수 있을 것이다. 첫째는 예금(정기예금, 정기적금 등), 둘째는 증권(주식株式 투자), 셋째는 부동산不動產 투자가 될 것이다. 여기에 한 가지 더 찾아보면 위험한 사채私債놀이(돈놀이)도 있다. 그런데 예금과 증권의 투자의 특징特徵은 항상 현금화가 되어 있거나 현금화가 가능하다는 장점長點이 있는 반면 부동산 투자는 현금화의 기간이 상당히 길어질 수도 있다는 단점短點이 있다. 그래서 리스크에 대비한 '포트폴리오 *Portfolio*'란 단어가 생겨나서 수입에 대비하여 현금(예금, 보험)과 주식, 부동산의 투자 비율比率을 어떻게 짜야 할 것인가에 대한 의견意見이 분분紛紛하게 제시提示되고 있다. 첫째 예, 적금은 안정적安定的이나 투자에 대한 이익利益의 기대치期待値가 미흡未洽하다 할 것이다. 다음으로 증권은 투자를 하고자 하는 종목種目의 흐름 등의 분석을 잘만 하면 짭짤한 벌이를 할 수 있다. 그러나 여러 가지 제약制約이 따른다. 직장인은 시간 투자가 정말 어렵다. 그래서 투자를 타인他人에게 의뢰依賴를 하여 진행進行하면 장기 투자가 어렵다. 그것은 주위主位에서 가만히 두지를 않는다. 증권에도 장기적인 안목眼目이 필요하다. 그래서 이제까지 증권證券을 만졌다는 사람들을 만나 보면 마지막까지 재미를 봤다는 사람들을 별로 찾아볼 수가 없다.

그런 데다 우리나라의 실정實情으로는 개미 투자자들의 입지立地가 녹록지 않기 때문에 기초基礎 공부가 많이 필요하다. 그래서 직장인들은 정말 힘들다 하겠다.

그렇다면 무엇을 해야 돈을 모아 볼 수 있을까? 그렇게 생각하다 보면 부동산으로 눈을 돌릴 수밖에 없다. 어떠한 곳에 투자를 하든지 그에 대한 책임責任은 나에게 있다. 누구를 원망怨望해도 득得이 없다는 사실을 기억記憶해야 한다. 무작정無酌定 남들이 하는 대로 따라가서도 안 될 것이다. 발을 잘못 들여놓으면 낭패狼狽를 보는 경우境遇가 있다. 그래서 언제나 투자를 하기 전에 충분充分한 생각과 연구硏究가 필요하다. 그리고 당연히 기초基礎적인 학습學習을 해야 한다.

부동산도 종류種類를 구분區分해 보자면 토지(전답, 대지, 임야 등), 주택(다세대, 연립, 아파트 등), 상가(오피스텔, 모텔 등), 기타 특수 목적 부동산 등이 있겠다. 그래서 우선 '토지이용계획확인원'을 볼 줄 알아야 한다. 거기에 나타나는 지역, 지구 등 지정 여부를 확인하여 분석할 수 있어야 하고 또한 확인도면을 볼 줄 알아야 하며, '등기부 등본'도 분석分析할 수 있어야 하고 '건축물대장'도 분석할 수 있어야 한다. 전자前者에 말하는 서류들을 보는 법은 배우기가 별로 어렵지 않다. 전문가에게서나 전문專門 서적書籍으로 공부를 하면 쉽게 터득攄得할 수 있을 것이다. 소개인紹介人의 말만 믿고 거액을 투자할 수는 없는 일이다.

첫째, 내가 알아야 하고 그래서 내가 나를 책임責任져야 하고 또한 모든 투자에 후회後悔가 없어야 한다. 결코 쉬운 일은 아니지만 이 세상에 쉬운 일이 없기도 하다. 그 정도의 실력實力을 쌓았다 치고 부동산에 투자를 하겠다고 결심을 했다면 우선 자본 계획을 세워야 하고 어떠한 곳에 투자를 할 것인지를 생각해야 한다. 그러고는 자신이 제일 잘 아는 지역, 즉, 정보가 수집되어 있거나 수집이 가능한 곳을 샅샅이 뒤져야 한다. 역시 발품과 이익의 극대화는 비례한다고 봐야 할 것이다. 어찌하였든 발품을 오랜 시간을 팔아야 그 지역을 더 잘 파악할 수 있고, 손해를 보지 않는 투자가 가능할 것이다. 부동산은 정가제定價制가 아니며 기준이 없기에 흐름을 잘 따라야 한다. 그래서 노력이 정말 중요하다 하겠다.

그러면 구분區分을 하여 한번 살펴보자. 우선 나대지裸垈地에 투자를 한다면 코너(각지)*Corner* 땅을 선택選擇하길 권유勸誘한다. 만약 개발지開發地라면 개발의 시기時期는 어느 쪽이 빠를지 알 수 없지만 시세時勢의 흐름을 타는 데는 제일 많이, 그리고 불황不況을 타지 않는 땅이다. 물론 구입求入할 때 다른 땅보다 비싸다. 하지만 제 가치價値는 지니고 있다고 봐야 한다. 모두가 탐貪을 내는 땅이다. 그런데 그런 개발지가 아닌 다른 지역의 임야나 전답을 구입하면서 주위 발전發展에 따라 개발의 변화變化를 기대期待하며 투자를 한다고 하면 우선 장기간을 기다려야 목적을 달성達成할 수 있다는 마음을 가지고 투자를 결정決定해야 한다.

대출을 하면서 투자를 하기에는 무리無理수가 따른다고 생각한다. 이런 경우에 그 땅에서의 생산성은 전혀 없기 때문이다. 하지만 평상시 내가 하는 말은 "흙은 썩으면 썩을수록 좋다"고 한다. 그 말에는 기간이 갈수록 손해를 보는 일도 적겠지만 실제로 흙이 부패腐敗할수록 농사農事는 더 잘된다는 논리論理이다 보니 맞는 말인 것 같다.

그 다음엔 주택이나 다세대 또는 아파트를 얘기하고 싶다. 지금 앞에서 나열羅列한 것들은 일반적으로 모두 주택住宅에 속한다. 수도권은 조금 다르지만 보편적普遍的으로 1세대 1주택으로 2년 이상 거주居住 또는 보유保有를 했다면, 6억원 미만의 과표課標를 가진 주택에 대하여는 양도소득세讓渡所得稅가 면제免除된다. 이러한 부분도 잘 활용活用하면 재테크에 도움이 될 것이다. 그러나 막연漠然히 주택을 구입하여 가치價値 상승上昇을 기대하는 것은 무리이다. 그것은 1세대 2주택이 되기 때문이다. 그런데 주택은 나의 주거 목적으로 꼼꼼히 따져 보고 매입을 하면 몇 년을 잘 살고도 가격이 올라 이득을 볼 수가 있겠다. 그런데 다른 투자를 위하여 자신이 기거起居하는 주택을 처분하는 행위는 삼가야 한다. 그런 결정을 하고 나면 내 집 장만의 기회는 점점 멀어지기 때문이다.

다음은 상가商街 건물建物에 투자할 때를 얘기해 보자. 상가 건물은 보편적普遍的으로 투자의 원칙原則이나 기본基本을 월세를 기준基準으로 할 때 매입 금액의 5% 정도를 보면 맞다.

즉, 10억을 주고 산 건물이 있다고 하면 그 건물에 임차인이 낸 보증금이 2억 정도 된다면 실투자 금액 8억에 대하여 월 5%이면 400만 원이 된다. 그렇다면 연간 4,800만 원의 수입이 발생되는 것이다. 이 수입이 당장은 배가 고플 수가 있다. 하지만 목이 좋은 곳을 선택해야 한다. 건물 값의 상승 기간 동안 월세를 받아 가며 버텨야 한다. 그러다 보면 자연스럽게 돈이 불어나는 효과效果가 생길 것이다. 그런데 너무 복잡複雜하게 생각하면 스스로 만드는 올가미 속으로 빠져드는 수가 있다. 가령 월세가 조금 더 많이 나온다고 투자를 해서는 아니 된다. 내가 점포店鋪를 필요로 하는 경우가 아니면 마음을 단단히 먹어야 한다. 무조건無條件 제일의 자리이어야 한다. 아니면 내가 매입買入하여 제일의 자리로 만들어야 한다.

어느 번화가繁華街에서 보면 가끔씩 점포에 '월세月貰' 또는 '임대賃貸'라고 오랜 기간 동안 써 붙여 놓은 건물을 본 적이 있을 것이다. 그 건물주建物主가 얼마만큼 노력을 하느냐에 따라서 세가 잘 나가기도 하고 또한 잘 안 나가기도 한다. 그리고 그 건물에 들어 있는 업종業種도 자세히 보면 건물주의 노력을 알 수가 있을 수도 있다. 어떤 일이든 노력努力이 없이는 이루어 낼 수 없을 것이다. 같은 도로변에 있으면서 어느 건물은 메디컬 건물로 되어 있고, 어느 건물은 어지럽게 간판이 붙어 있는 것을 본 적이 있을 것이다. 모텔*Motel*같이 영업을 목적으로 하는 건물도 마찬가지다. 정말 영업營業의 모토*Motto*가 필요한 일이다.

아무튼 그런 경우에 모든 역량力量을 발휘發揮할 수 있다면 한 번쯤은 투자를 해 볼 가치가 있다고 볼 수도 있겠다. 이야기를 하다 보니 너무 길어진 것 같기도 하다. 하지만 자꾸만 듣고 싶어 글을 읽다 보면 너무나 부족不足하다고 느낄 수도 있겠다. 그런데 지금까지 내가 말한 모든 것에는 기본이 자금이 만들어져야 한다는 것이다. 우선 적은 돈으로 투자 자금을 만들려면 어떻게 해야 할까? 흔히 말하는 종잣種子돈을 말하는 것이다. 종잣돈이란 100원, 1,000원부터 시작하는 것이다. 앞에서 말하는 투자도 종잣돈으로 목돈을 만들어 놓고 난 다음의 이야기다.

그렇다. 투자는 자본의 규모規模와 능력能力과 형편形便과 그 해당該當되는 환경環境에 따라서 해야 하는 것이겠다. 그렇게 시작하여 자꾸 키워 가야 하는 것이다. 눈사람을 만들려면 눈 위에 자꾸 굴려야 몸뚱이가 커지듯이….

'내가 아는 재테크'는 분명分明히 아직 끝나지 않았다. 언젠가 또다시 기회機會가 주어진다면 더욱 세련洗練되고 재미있는 이야기로 엮어 보고 싶다. 그런데 내 좁은 지식知識으로 이렇게 아는 체하며 설명說明을 하고 있다고 생각해 보면 나 자신이 너무 부끄럽기도 하다.

2015. 8. 1.

나의 소리
—남기고 싶은 말

1. 한 편의 영화映畵는 주인공主人公을 기준으로 끝이 나지만 인생길의 영화는 끝이 없다
그것은 모두가 주인공이기 때문이다

2. 꿈을 여러 가지 많이 꿀수록 두려움이 더 많아진다
한 우물을 파는 방법方法을 터득攄得하자

3. 사람은 각자 살아가는 방법方法이 달라도 숨을 쉬어야 산다
모든 일에는 그것에 대한 근본根本이 있다

4. 눈雪 뭉치와 돈錢은 굴러갈수록 덩치가 커진다
제자리에 가만히 있는 돈은 그 가치價値가 없다

5. 어제가 그리워지는 것은 내 곁에서 자꾸만 멀어지기 때문이다
무엇이든 없어질 때 아쉬움을 느끼게 마련이다

6. 모든 양념에 소금이 없어서는 안 되듯이

언제나 그런 사람이면 좋겠다

7. 돈을 알고 나면 돈은 자꾸 도망간다
돈을 모르는 순간瞬間에 잡을 수 있는 기회機會가 많이 온다

8. 어린아이의 울음소리가 배가 고픈 측도測度에 따라 다르다면
사회의 불만不滿의 목소리가 있을 때도 그러하다 할 것이다

9. 자신이 직접 경험經驗한 깨달음이라면 누구에게나 자신있게 말해 줄 수 있을 것이다. 이보다 더 값진 것은 없을 것이다

10. 희망希望이 있는 사람에게는 죽음도 비켜 간다
언제라도 새로운 희망을 가지자

11. 내리사랑 - 부모의 사랑은 끝없이 넓은 바다를 건너도 자식子息이 부모父母에게 베푸는 사랑은 좁은 개울도 못 건넌다

「이 도서의 국립중앙도서관 출판예정도서목록(CIP)은 서지정보유통지원시스템 홈페이지(http://seoji.nl.go.kr)와 국가자료공동목록시스템(http://www.nl.go.kr/kolisnet)에서 이용하실 수 있습니다.(CIP제어번호 : CIP2015035940)」

머물지 않는 바람

초판 1쇄 발행 2016년 1월 25일

지은이 윤주동 **펴낸이** 임정일
편 집 박세인 **디자인** 양동빈

펴낸곳 책나무출판사
출판신고 2004년 4월 22일(제318 · 00034)

주소 서울시 영등포구 신길3동 325 · 70 3F
전화 02 · 338 · 1228 **팩스** 0505 · 866 · 8254
홈페이지 www.booktree.info

ISBN 978-89-6339-464-0 03810